Christian Moritz

Du siehst meine Wege

Christian Moritz

Du siehst meine Wege

Impulse und Gebete für den Alltag

Fromm Verlag

Imprint
Any brand names and product names mentioned in this book are subject to trademark, brand or patent protection and are trademarks or registered trademarks of their respective holders. The use of brand names, product names, common names, trade names, product descriptions etc. even without a particular marking in this work is in no way to be construed to mean that such names may be regarded as unrestricted in respect of trademark and brand protection legislation and could thus be used by anyone.

Cover image: www.ingimage.com

Publisher:
Fromm Verlag
is a trademark of
International Book Market Service Ltd., member of OmniScriptum Publishing Group
17 Meldrum Street, Beau Bassin 71504, Mauritius

Printed at: see last page
ISBN: 978-613-8-35003-3

Christian Moritz

Du siehst meine Wege

Impulse und Gebete für den Alltag

Gewidmet meiner geistlichen Begleiterin
Maria Pollety

Inhaltsverzeichnis

Vorwort

Seit einigen Jahren spiele ich Golf. Ich spiele es wegen der Naturverbundenheit. Beim Golf muss man Wege zurücklegen, mal längere, mal kürzere. Alle aber haben ein Ziel: Der Ball muss ins Loch. Egal wieviel Schläge man braucht, er muss dorthin.

Beim Golf trifft man Menschen. Mit manchen unterhält man sich kurz, mit manchen spielt man länger. Letzteres ist immer wieder interessant.

Auf einer meiner Runden habe ich Menschen getroffen, die mich anregten, einmal über Wege nachzudenken. Das fand ich für mich einen spannenden Prozess. Ich entdeckte, dass Golf viel mit dem Leben zu tun hat. Ein Mitspieler sagte mir einmal den folgenden Satz: Du spielst Golf, wie du lebst.

Da ist etwas Wahres dran. Ich habe Menschen erlebt, die einen schlechten Schlag nicht ertragen konnten und wütend den Schläger hinschmissen. Das lässt auf den Alltag schließen.

Golf fordert eine gewisse Gelassenheit, mit dem Weg zum Ziel umzugehen. Ein schlechter Schlag heißt noch lange nicht, dass alles verloren ist, sondern eher nur: Wir nähern uns bedachter dem Ziel.

So habe ich angefangen, Wege vom Ziel her zu beobachten. Ich fand für mich heraus, dass das Ziel viel mit uns machen kann. Wir können es mit großer Euphorie erreichen oder auch vorher resigniert aufgeben. Egal wie wir uns zum Ziel stellen und welche Gefühle wir dabei haben, das Ziel bleibt. Das Grün wandert nicht.

Diese Gedanken haben mich letztlich geleitet, über das eigentliche große Lebensziel nachzudenken. Ich habe Bibelstellen meditiert, über die Wege Gottes mit uns nachgedacht.

Herausgekommen ist dieses kleine Heft, was Menschen im Alltag anregen soll, einmal über ihren Weg nachzusinnen. Einige Texte stammen schon aus früheren Jahren, ich hatte sie für Exerzitien im Alltag geschrieben.

Andere sind durch Gespräche mit lieben Menschen auf dem Golfplatz entstanden, die mir während des Spiels durchaus anregende Impulse gaben. Ich möchte hier Gitti erwähnen, mit der ich viele Wege auf dem Platz gegangen bin und die mir bei unseren Gesprächen viele gute Gedanken schenkte.

Aber auch andere, mit denen ich gute Weg-Gespräche führte, wie Götz, Manfred, Sebastian, Christiane, Renate und Olivia Maria, sollen hier nicht vergessen werden. Ihnen sei an dieser Stelle gedankt.

Danken möchte ich auch meiner langjährigen geistlichen Begleiterin Maria Pollety, die meinen Weg entscheidend mitgeformt hat und mir eine große Hilfe beim Nachdenken über die Wege Gottes gewesen ist.

Dieses Heft ist eher dazu gedacht, dass man es nicht in einem Stück liest.

Vielmehr war und ist meine Intention, zunächst das Bibelwort zu lesen, dann einen Augenblick innezuhalten und es auf sich wirken zu lassen. Erst dann sollte der Impuls gelesen werden, dem wiederum eine Zeit der Stille und des Betrachtens folgen kann.

So hoffe ich, dass Menschen beim Lesen und Innehalten das eigentliche große Ziel des Lebens wieder neu entdecken, den Gott, der uns Menschen liebt und segnen möchte.

Eine segensreiche Zeit mit diesem Heft wünscht Ihnen

Christian Moritz

Fürchte dich nicht, ich habe dich erlöst, ich habe dich bei deinem Namen gerufen, du bist mein.

Foto: Christian Moritz

Das Leben hat seine Begleiter.

Manche sind recht angenehm und machen uns froh. Dann spüren wir das Glück, die Freude des Daseins. Wir möchten es festhalten und merken schnell, wie wenig das geht, wie wenig Glück wir wirklich in den Händen haben.

Manchmal glauben wir, wir könnten alle Wege gestalten und trauen dem Satz: Jeder ist seines Glückes Schmied.

Doch mitunter schleicht sich ein Gefühl ein: Was wenn das, was ich schmiede, anders wird, als ich es will. Wenn aus Glück Pech wird, Traurigkeit, Verlassenheit. Wenn die Balken des Lebens, auf denen ich glaubte zu stehen, plötzlich nachgeben, ohne dass ich es wollte.

Inmitten meiner Fragen und Unsicherheiten begegnet mir jedoch einer, der seine Arme mir entgegenstreckt und mich wissen lässt:

Ich bin deines Glückes Schmied,
ich mache das Verbogene wieder gerade.
Ich lasse dich nicht unfertig liegen,
sondern forme dich wunderschön.

Denn ich kenne dich,
habe deinen Namen immer vor Augen,
du bist unverwechselbar, einzigartig.

Meine Hand ließ dich in diese Welt kommen,
meine Hand wird dich auch dort nicht loslassen,
wo andere dich verlassen
und dir die Hand nicht mehr hinhalten.

Komm und höre mich sagen:
Fürchte dich nicht, denn du bist mein.

Des Menschen Herz erdenkt sich seinen Weg, aber der Herr allein lenkt seinen Schritt.

Sprüche 16, 9

Foto: Christian Moritz

Wir planen, haben viele Ziele. Wir fühlen uns dabei gut und manchmal auch ein wenig wichtig.

Wir denken unseren Weg, den vorteilhaften, den für uns guten. Den, wo wir glauben, das Glück zu finden. Manchmal gelingt das, manchmal bleiben wir irgendwo stehen. Spüren mit einem Mal, dass wir Glück und Erfüllung zwar planen, aber nicht immer machen können.

Schnell kann etwas dazwischen kommen. Die Enttäuschung über einen Menschen, sie kann den Weg zu einer Odyssee werden lassen, weil das Glück zerrinnt und uns so wenig bleibt.

Herr aller Wege,

**wir kommen zu dir,
kommen mit unseren Plänen und Gedanken,
wissend, dass bei dir nichts zerrinnt,
noch ins Leere führt.**

**Lenke du unseren Blick
und unsere Schritte auf das hin,
was zum Ziel führt und nicht zerbricht.**

**Denn du bist Anfang und Ende
aller unserer Wege,
auch wenn wir es oft nicht so spüren,
du bist uns nahe,
nimmst sanft unsere Hand
und hältst sie fest.**

**Und plötzlich leuchtet auf in uns
ein Stück der Ewigkeit.**

Brannte nicht unser Herz?

Lukas 24, 32

Foto: Christian Moritz

Von Schülern werde ich öfters gefragt, ob ich Gott gesehen oder gehört hätte. Den kann es doch gar nicht geben, sagen mir einige, er ist doch von niemand gesehen worden. Von mir nicht, von meinen Eltern nicht – was wollen Sie uns dann erzählen.

Meine Konfirmanden fragten mich in ähnlicher Weise, ob ich Gott sehr persönlich begegnet bin. Ich bin dankbar für solche Fragen, auch wenn ich im ersten Moment stocke und darüber nachdenke, was ich denn wirklich sagen sollte. Was werden Schüler verstehen, ohne in mir den Sonderling zu sehen, der der Realität ein wenig entfremdet ist.

Doch dann erzähle ich dieses kleine Erlebnis: Als ich fünf Jahre alt war, kroch ich frühmorgens ins Bett meiner Eltern. Ich war schnell wieder eingeschlafen und hatte gar nicht bemerkt, dass meine Eltern inzwischen aufgestanden waren. Im Schlafzimmer hing zwischen den beiden zur Straße gewandten Fenstern ein wunderschönes aus Holz gefertigtes Kruzifix. Heute ist es in meinem Amtszimmer zu finden. Ich habe es bewahrt, weil dieses wichtige Erlebnis mit ihm verbunden ist.

Ich schlief also noch und hörte plötzlich meinen Namen. Erst dachte ich, dass meine Eltern mich riefen, bis ich bemerkte, dass sie das nicht taten. Ich versuchte, die Richtung der Stimme zu orten und sah auf das Kreuz. Und wieder hörte ich meinen Namen. Ich fand es irgendwie komisch, ein Kreuz, das redet, wo gibt es das denn. Dann stand ich auf und ging zum Frühstück. Der Klang der Stimme jedoch blieb bis heute in meinem Gedächtnis.

Als ich dann Student war, las ich in Bibel die Geschichte von Samuel, der im Tempel schlief. Auch er hörte eine Stimme und wusste nichts damit anzufangen. Schließlich ging zum Priester Eli und der sagte ihm, dass er antworten solle: Hier bin ich, o Gott.

Mir fiel mein Kindheitserlebnis wieder ein und mit einem Mal wusste ich – er hatte mich damals gerufen. Ich aber hatte es nicht erkannt.

Als Jesus nach seiner Auferstehung mit zwei seiner Jünger auf dem Weg nach Emmaus unterwegs war, ging es ihnen ähnlich. Sie hatten ihn nicht erkannt. Erst als er in ihr Haus einkehrte und das Brot brach, öffneten sich ihre Augen. Brannte nicht unser Herz, sagten sie, als Er mit uns redete. Die Sehnsucht nach Grund und Wahrheit des Lebens, sie war wieder in ihnen geweckt.

Manchmal gibt es Zeiten, da geht es mir wie diesen beiden Jüngern. Da habe ich das Gefühl, Gott lässt sich in meinem Alltag nicht blicken. Morgens, wenn ich bete, gibt es scheinbar keine Antwort von ihm. Ich spüre nichts und bin geneigt, diese Leere mit anderem ausfüllen zu müssen. Es gibt ja so viele Angebote wie Internet, Fernsehen und mancherlei anderen Zeitvertreib. Eigentlich jedoch täusche ich mich darüber hinweg, dass Er, der Herr, mit mir auch im Schweigen unterwegs ist und gerade darin auch seine Herrlichkeit aufleuchtet. Wo steht denn geschrieben, dass Gott pausenlos reden muss, damit wir dei Gewissheit haben, dass er mit uns unterwegs ist? Warum fällt es uns so schwer, die Momente auszuhalten, wo er mit uns in die Stille geht und in dieser noch einmal ganz anders für uns da ist? Bei mir ist es oft die Geduld, die ich nicht habe, weil ich schneller voran kommen möchte. Dadurch nehme ich nicht wahr, dass er trotzdem mit mir unterwegs ist iwe mit den beiden Jüngern damals. Irgendwann auf dem Weg entdecke ich seine Nähe dann zum Glück doch und sage mir dann den Satz dieser beiden Jünger:

„Brannte nicht unser Herz?“ Dann denke ich an die Stimme vom Kreuz, die ich damals hörte. Sie hat Sehnsucht geweckt, auch wenn ich es damals nicht verstand. Und diese blieb in meinem Herzen bis zu dem Tag, wo Er mir als Student die Augen öffnete mitten im Alltag, beim Lesen meiner Bibel. Da wusste ich, dass ich von Geburt an ein Gerufener war, der lernen musste, auf Gott zu warten und-sich das Herz von ihm füllen zu lassen

Das Erlebnis aus der Kindheit schenkte mir die Gewißheit, dass-mein Weg ihm nicht egal ist. Er ist mit mir unterwegs zu den Orten, wo ich ihn und seine Liebe immer wieder neu erkenne. Nichts hat mich in meinem Leben darum so berührt wie der auferstandene Christus, der sein Ja zu mir sprach und sich mit mir auf den Weg machte.

Und meine Konfirmanden? Sie sind nach dieser Geschichte immer still und staunen.

Ja, ich habe die Stimme Gottes gehört, auch wenn ich sie nicht gleich verstand. Doch sie ist geblieben in meinem Herzen, bis ich verstand, dass der Ruf mir galt und ich ihm folgen sollte.

Gott redet in unsere Herzen hinein. Wer aufmerksam lauscht und sich anrühren lässt, dem wird er die Augen öffnen für den Ruf des Lebens:

---

*Folge dem **Christus** nach,*

der mehr liebt als alle Menschen,

*dessen **Liebe** niemals zerbricht -*

*der sein wunderbares **Ja** zu dir spricht*

***jeden Tag neu** bis über den Tod*

hinaus.

Achte auf Gott und ehre seinen Namen. Befolge seine Gebote. Denn das macht den Menschen aus. nach dem Buch des Predigers im letzten Kapitel

Foto: Christian Moritz

Immer wieder taucht im Leben die Frage auf: Was macht mich eigentlich aus? Ist es mein Beruf, den ich mag oder weniger mag? Ist es das, was andere über mich denken und meinen sollen? Oder wie ich anderen zu begegnen vermag.

Was macht mich denn aus? Spätestens wenn irgendwas nicht mehr so funktioniert, wir Defizite im Leben entdecken, kommt diese Frage in uns wieder hoch.

Die Antworten, die wir uns geben, können so vielfältig sein. Mein freundliches Wesen, ja, das macht mich aus, hat mir mal jemand gesagt. Und hat dann einen schweren Trauerfall in der Familie gehabt. Plötzlich warf sich ein Schatten über das Freundliche.

Im Buch des Predigers lese ich eine ganz andere Antwort. Da ist von meinen Eigenschaften und Fähigkeiten nicht die Rede. Zu drei Dingen aber werde ich eingeladen: Achte auf Gott, ehre ihn und befolge seine Gebote.

Achtsam mit dem eigenen Leben umgehen, bedeutet auch auf den zu achten, der mich in diese Welt rief. Ihn wahrzunehmen täglich neu, der mir mit all seiner Liebe begegnen will. Und ein Leben zu führen, was ihn wirklich ehrt, was um seine Weisungen für ein gelingendes Leben weiß und diese Weisung ernstnimmt.

Was mich ausmacht, das ist letztlich das Verhältnis, was ich zu Gott habe. Ob ich mich von seiner schöpferischen Liebe durchdringen lasse und spüre, wie ich durch das Leben nach seinen Weisungen zu einem erfüllten Leben finde, das auch dort besteht, wo der Wind mal kräftiger pustet.

Auf Gott achten heißt nicht, von sich wegzusehen, sondern mit Ihm den persönlichen Weg anzuschauen und Mut zum nächsten Schritt zu fassen.

Herr,

dir war mein Leben wichtig.
Du riefst mich in diese Welt.

Lass wachsen die Achtsamkeit,
die jeden Tag neu,
dich in der Vielfalt des Lebens
wahrnimmt.

Sei mir nahe,
fülle mir Hände und Herz.

Damit ich als Lobender deines
Namens meinen Weg gehe.

Amen.

Dein Wort ist meines Fußes Leuchte und ein Licht auf meinem Wege. Psalm 119, 105

Foto: Christian Moritz

Ich war vierzehn Jahre alt, als ich mir dieses Wort zum Konfirmationsspruch wählte. Es klang schön, Licht und Leuchte auf dem Weg, das war verheißungsvoll. Dass dieses Wort ein Lebensprogramm werden könnte, kam mir damals kaum in den Sinn. Mittlerweile liegt das nun schon gut vierzig Jahre zurück.

Heute kann ich sagen: Dieses Wort ist zum Programm in meinem Leben geworden. Ich habe Finsternis erleben müssen, Zeiten, wo ich nicht wusste, wie der Weg zu gestalten ist. Beim Gang durch die Zeit ist mir mehr und mehr bewußt geworden: Ich brauche Gottes Licht, das mir den Weg zeigt. Ohne dieses bin ich nicht in der Lage, die Richtung zu finden, die wirklich zum Ziel führt.

Als ich 20 Jahre alt war, wollte ich einen Freund vom Alkohol wegführen. Ich habe mich redlich gemüht. Leider ist er trotzdem nicht los gekommen, sondern gnadenlos versackt. Ich musste hilflos zusehen., wie ich nicht zum Ziel kam. Darunter habe ich gelitten.

In den Anfängen meiner Arbeit als Pfarrer hatte ich eine Frau in der Gemeinde, die mich sehr unterstützte. Sie kam jeden Sonntag, schmückte die Kirche und es war ein Traum, diese schön dekorierten Räume anzusehen. Ich ging öfters in ihren Laden und trank mit ihr Kaffee. Wir haben gelacht, geplant, uns ausgetauscht. Das war eine fruchtbare Zeit. Eines Sommers erkrankte sie schwer und verstarb kurze Zeit darauf. Ich habe viel gebetet für sie. Alles schien ohne Wirkung.

Das waren Zeiten, wo es dunkel auf dem Weg war. Wo alles drohte ins Leere zu gehen. Die Versuchung war groß zu sagen: Dein Beten hat nichts genützt. Gott, warum hast du nicht eingegriffen.

In dieser Zeit dämmerte es mir: Wir haben so wenig in der Hand. Und das, was wir glauben zu haben, zerrinnt wie Sand. Und weil das so ist, sind wir schnell versucht, uns abzuwenden von dem, was Fundament des Lebens sein kann, von Gott selbst. Die Enttäuschung darüber, dass wir so wenig in der Hand haben, führt manchen Menschen dazu zu denken:

Vergiss, dass dieser Gott dich hört und in das Leben eingreift.

Dieser Gedanke ist eine große Versuchung. Auch ich habe das erlebt. In dieser Zeit kam mir das Wort meiner Konfirmation zu Hilfe: Dein Wort ist meines Fußes Leuchte. Es wurde mir nämlich ein richtungsweisendes Wort aus dem Buch Hiob geschenkt:

Der Herr hat´s gegeben, der Herr hat´s genommen. Der Name des Herrn sei gelobt.

Das sagt ein Leidender, einer, der alles verloren hat. Der eigentlich unter seiner Last stöhnen und zusammen brechen müsste. Der sich abwenden müsste von einem Gott, der das alles zulässt. Er aber macht das nicht, sondern ruft uns zu:

Alles ist eine Gabe Gottes, wir haben so wenig in den Händen, außer das Lob Gottes.

Und dieses Lob verändert die ganze Situation. Hiob war plötzlich kein Verlierer mehr, sondern einer der gefüllt wurde durch das Lob des Herrn. Dessen Herz nicht gebrochen war, sondern voller Dank und Freude am Schöpfer.

Wir haben so wenig in den Händen, aber das Lob des Schöpfers kann unser Leben verändern.

Ich habe im Krankenhaus eine alte Dame begleitet, die im Sterben lag. Sie starb mit einem strahlenden Gesicht, weil sie aus dem Lob Gottes lebte und wusste:

Sein Wort ist meines Fußes Leuchte und ein Licht auf meinem Weg.

Ich habe zwar wenig wirklich in meiner Hand, aber eins - ich kann,das Wort Gottes lesen und dadurch Trost, Kraft und Frieden finden. Wo er mir mit seinem Wort den Weg erhellt, kann ich wie Hiob das Haupt heben und einstimmen in das entscheidende Wort des Lebens:

Der Herr hat`s gegeben, der Herr hat´s genommen.
Der Name des Herrn sei gelobt in Ewigkeit .
Amen.

Und Gott sprach zu Abraham: Geh aus deinem Vaterland in ein Land, dass ich dir zeigen werde. Genesis 12, 1

Foto: Christian Moritz

Was mag Abraham wohl gedacht haben, als er in hohem Alter diese Worte hörte? Vielleicht: Das Alter hat eben verrückte Gedanken. Oder: Bleibe bei dem, was du hast.

Ich weiß es nicht, die Bibel erzählt nichts darüber. Deutlich wird nur, dass Abraham ein wandernder Nomade war, der eh umherzog, um Weideplätze für seine Tiere zu suchen. Plätze, die ihm vertraut waren, die er kannte und wo er wusste, dass es gut gehen würde.

Und dann diese Stimme: Geh weg von alledem. Geh in das Unbekannte hinaus. Allein im Vertrauen auf Gott.

Das ist eine große Herausforderung. Das Unbekannte habe ich nicht in der Hand. Ich weiß nicht, was mich erwartet.

Nach dem ersten theologischen Examen wollte ich nach Berlin zurück. Diese Stadt kannte ich, war ich doch dort großgeworden. Ich organisierte mir einen Vikarsplatz und marschierte stolz zu meinem Ausbildungsdezernenten. Voller Überzeugung war ich, dass er zustimmen und seinen Stempel unter den Vertrag setzen würde.

Jedoch es kam anders. „Sie gehen nicht nach Berlin“, sagte er, „ich habe für Sie einen Platz im Oderbruch.“ Von dieser Gegend hatte ich nur mal im Heimatkundeunterricht gehört. Sie war mir eigentlich völlig fremd. Viele Gedanken gingen damals durch den Kopf: Was soll ich da? Warum darf ich nicht in Berlin bleiben, in einer Stadt, die meine Heimat war?

Die ersten Erfahrungen nach meiner Ankunft in Wriezen bestätigten meine Befürchtugen. Toilettenpapier gab es nur unter der Hand, ein Verkäufer schob mir welches rüber: Weil Sie Herr Pfarrer sind. Einkaufsmöglichkeiten, wie ich sie aus Berlin gewohnt war, waren sehr rar. Was für ein Abstieg, dieses Gefühl machte sich breit. Sollte das Gottes Ruf sein? Sicher hatte mein Ausbildungsdezernend sich verhört.

Auch Abraham stand vor dieser Herausforderungen: Soll ich mich auf den Ruf Gottes einlassen? Das Unbekannte wagen?

Wie gut, dass er es tat. Loszog in einem großen Vertrauen. Ohne etwas zu sehen, ohne Garantie auf Erfolg. Großes ist daraus erwachsen, das jüdische Volk und schließlich unsere Kirche. Vielen Menschen ist dadurch Heil geschenkt worden und sie haben den Segen Gottes erfahren. Ohne Abrahams Mut und Vertrauen wäre das nicht geschehen.

Wo ich mich auf dem Weg von Gott in Neues rufen lasse und im Vertrauen losgehe, da geschieht Heil für mich und andere.

Foto: Christian Moritz

Auch wenn ich am Anfang oder mitten auf dem Weg wenig oder nichts sehe und manchmal das Gefühl habe, dass das Leben mich vergessen hat, ist der Weg im Hören auf Gott nicht umsonst.

Unscheinbar, im Verborgenen ereignet sich sein Segen, werden Menschen durch mein Vertrauen zum Heil geführt. Im Hören auf Gott kann ich wie Abraham Neues wagen, wissend, dass der Herr mit mir auf dem Weg ist und mich nie in die Irre führen wird.

Die Einzigen, die das tun, sind wir selbst, wenn wir den eigenen Versuchungen mehr Raum geben als Gottes befreiendem Wort.

Er, aber, der zum Aufbruch ruft, hat Gegenwart und Zukunft schon im Blick. Sein Heil geschieht an den Hörenden und Aufbrechenden und an den Menschen, die ihnen auf dem Weg begegnen.

Und sieh, ob ich auf bösem Wege bin und leite mich auf ewigem Wege. Psalm 139, 24

Foto: Christian Moritz

Was geht Gott mein Weg an. Ich bin ein freier Mensch, ich habe Rechte. Ich darf bestimmen, was mit mir passiert. Ich mag keine Bevormundung. Und schon gar nicht von Gott.

Ich bin nicht sicher, ob wir immer so denken. Aber handeln tun wir oft so. Die Wege, die wir gestalten, halten wir natürlich für gut. Böse Wege, wer macht das absichtlich. Ich will Gutes, für mich und ganz sicher auch für andere. Dafür mühen wir uns ab, setzen alles ein.

Manchmal werden wir vom Weg enttäuscht. Stellen fest, dass es nicht so gelaufen ist, wie wir das dachten oder uns wünschten. Fühlen, dass wir leer ausgehen. Dann vielleicht würden wir sagen: Das war kein guter Weg. Aber böse?

In frommen Büchern hatte ich gelesen, wie Gott in Gemeinden wirkt und handelt. Großartige Dinge erfuhr ich, sie begeisterten mich. So etwas wollte ich auch erleben.

In unserer Nähe befand sich eine Bibelschule. Eines Tages stellte mir meine Sekretärin eine Studentin vor mit den Worten: Sie suchen doch jemand für die Jugendarbeit. In der Tat ich suchte. Da war nur die Sache mit dem Geld. Die junge Studentin jedoch bot mir an, für Gotteslohn zu arbeiten. Das, was Menschen spenden, wollte sie nehmen. Mehr nicht. Ich hielt das für absolut fromm.

Was für ein Gottvertrauen, dachte ich. Und war total begeistert. Die Sache konnte nur von Gott sein. Davon war ich so überzeugt, dass ich gegenteilige Einwände außer Acht ließ. Vor meinen Augen sah ich eine neue Missionarin, die Menschen zu Glauben führte.

Das Gegenteil war der Fall. Es dauerte keine drei Monate, da hatte die junge Frau vieles in der Gemeinde zerstört. Ich musste sie entlassen und wäre beinahe selbst gescheitert. In meiner Begeisterung hatte ich mir von Gott nichts sagen lassen, sondern war mir selbst gefolgt. Und das führte in die Katastrophe. Ich war auf bösem Pfad.

Gott hat dann doch auf meinen Weg gesehen und mich zu einem Jesuitenpater geführt. Diesem verdanke ich einen Aufbruch zu einem neuen geistlichen Weg, der Wunden heilte.

Foto: Christian Moritz

Seitdem nehme ich die Bitte dieses Psalms ernst. Wir leiten uns manchmal auf ungute Wege, die uns und andere zerstören können. Merken tun wir das oft erst am Ende.

Gott,

der du alle Menschen kennst,
sieh auf meinen Weg.

Ich bin
so schnell dabei,
Dinge zu tun,
die andere verletzen
oder zerstören können.

Meine Wege
sind nicht immer gut.
Ich weiß so wenig vom Heil.

Sieh auf mich

und meinen Weg.

Wenn ich zu entgleiten drohe,
sende mir einen Engel,
der mich leitet
auf den Weg
des Friedens
und
des Heiles.

Denn er hat seinen Engeln befohlen, dass sie dich behüten auf allen deinen Wegen. Psalm 91, 11

Foto: Christian Moritz

Fahre nie schneller, als dein Schutzengel fliegen kann. Diesen guten Rat hat mir mal jemand mitgegeben. Ich glaube, er hatte nicht unrecht bei den Herausforderungen im heutigen Straßenverkehr. Wie leicht bin ich auch mal geneigt, die Schnelligkeit meines Autos austesten zu wollen.

Vor Jahren ist bei uns ein junger Mann verunglückt. Die Eltern hatten ihm einen Golf mit viel PS geschenkt. Da war die Versuchung groß. Und die Kurve vor der Brücke zu eng. Sein Schutzengel kam leider nicht so schnell hinterher.

Gott will uns behüten. Das gilt nicht nur für einen einzelnen Trampelpfad. Bei Gott sind alle unsere Wege im Blick.

Bei Taufen habe ich oft erlebt, dass Eltern sich dieses Psalmwort wünschen. Sie meinen:

Auf mein Kind soll ein Engel aufpassen, damit sein Weg gelingt. Ich selbst komme mit dem Behüten schnell an meine Grenzen. Ich kann nicht immer aufpassen. Ich bin nicht immer da, wo mein Kind ist. Doch ich mache mir so meine Gedanken und hoffe, dass es bewahrt bleibt. Das sind die Sorgen der Eltern.

Ich rate Menschen manchmal, sich auch Zeit zu nehmen, um die Engel kennenzulernen, die Gott uns auf den Weg schickt. Wir gehen viel zu schnell durch das Leben und nehmen so wenig wahr. Das ist wie beim Autofahren, Gas geben geht schnell, wir wollen ans Ziel, der Weg dazwischen fliegt an uns vorbei.

Ich erlebe das oft, wenn ich fahre. Kaum einer hat Zeit, und die, die sie sich nehmen, sind ein ärgerliches Hindernis. Vielleicht verpassen wir auf diese Art auch unsere Engel, die auf dem Wege sind und uns Gutes tun wollen.

Wir lassen sie einfach nicht ran, weil wir schon ganz woanders sind, bei der Sicherung unseres kleinen Glücks, bei Karriere und Geld, bei dem, was uns einen Augenblick Sinn zu geben scheint und doch morgen wieder verrinnt. Wir haben sie vergessen. die Engel, da uns jeder Tag fordert und kaum Zeit bleibt, diese Boten

Gottes aufmerksam wahrzunehmen.

Das schert die Engel aber zum Glück nicht. Sie sind trotzdem am Wirken.

Neulich sagte mir jemand nach dem Gottesdienst, dass ein Mensch, den ich gut kenne, schwer erkrankt sei. Er habe keine Hoffnung mehr. Er weine nur noch. Eigentlich hatte ich den Sonntag anders geplant. Ich wollte im Garten sitzen und gemütlich Kaffee trinken. Möglicherweise war es ein Engel, der mir ins Ohr flüsterte: Geh heute noch hin und spende ihm das Abendmahl.

So bin ich losgefahren und habe diesen Menschen aufgesucht. Zu meinem Erstaunen fand ich einen tief frohen Menschen vor. Er sagte mir: “Erst war ich erschrocken und vollkommen fertig. Dann aber habe ich mir gesagt: Besinn dich auf das, was dir Kraft gibt. Lies in der Bibel und bete wieder. Da wurde ich froh.“ Und dann nahm er seine Gitarre und spielte mir einen wunderbaren Blues vor.

Es war mir in diesem Augenblick als wäre mir ein Engel begegnet, der das Traurige in echte Freude verwandelt.

Und heute bin ich sicher, dass es ein Engel war, der mitten im Raum stand und diesem Menschen die Hand auf die Schulter legte. Den Trost und den Frieden, den er mitbrachte, kann ich immer noch spüren.

Jesus sprach zu dem Taubstummen: Hefata!, das heißt:Tu dich auf! Markus 7,34

Foto: Christian Moritz

Dieser Satz stammt aus einer Weg-Geschichte. Jesus ist unterwegs mit seinen Jüngern. Die Botschaft vom nahen Reich Gottes treibt ihn voran. Da bringen Menschen diesen Kranken und bitten: Lege ihm die Hände auf. Das ist bemerkenswert, denn es heißt nicht: Heile ihn. Mach ihn gesund.

Ich kenne Menschen, die mit großen Erwartungen zu mir kommen. Oft stecken sie in schwierigen Situationen. Sie sagen: Beten Sie bitte! Oder auch: Legen Sie mir die Hände auf, dann ist das Schlimme endlich vorbei. Solchen Menschen sage ich, dass ich das gern für sie tue, aber alle Dinge sind offen. Ich will und kann dem Handeln Gottes nicht vorgreifen. Ich kann nicht bestimmen, was er zu tun oder zu lassen hat. Ich bin nicht Gott. Es ist möglich, dass Menschen nicht geheilt werden, sondern das Leiden aushalten müssen. Warum das so ist, das weiß ich nicht. Ich bin nicht Gott.

In meiner Gemeinde war ein Mann, der schwer erkrankte. Zu jener Zeit hatte ich ein Buch über Heilung gelesen. Was da aufgeschrieben war, klang wunderbar. Wir müssen nur mit Vollmacht glauben, Mut zum Heilungsgebet haben und vieles mehr. Viele gute Beispiele zementierten das Ganze.

Voller Erwartung habe ich angefangen, für diesen Mann zu beten. Ich war der festen Überzeugung, dass, wenn es in diesem Buche stand und Menschen es so erlebt hatten, ich das auch erleben würde, eine vollständige Heilung dieses Menschen.

Die erste Zeit nährte sich meine Hoffnung. Ich sah schon in meiner Euphorie das Ziel, das zu geschehene Wunder. Dann plötzlich starb der Mann. Ich fiel in ein tiefes Loch.

Du hast zu wenig gebetet, flüsterte mir eine Stimme. Siehst du, auf Gott kann man sich nicht verlassen, sagte eine andere. Du Looser, du hast zu wenig Glauben, schau, andere schaffen es.

Ich war verwirrt, verzweifelt. Fast hätte ich mich den Stimmen ergeben. Mein Gottesbild war ja gerade zutiefst erschüttert worden.

Irgendjemand wies mich auf diese Stelle bei Markus hin und ich habe sie gelesen. Dabei kam ein Gedanke in meinen Sinn: Die Menschen, die den Kranken zu Jesus brachten, ließen alles offen. Sie baten Jesus nur: Lege ihm die Hände auf!

Das ist die Bitte um Segen, um Zuspruch. Schenke diesem Menschen einen neuen Mut, damit er es aushalten kann. Mach du, Herr, was du für richtig hältst. Alles ist offen. Alles kann, nichts muss.

Alles behält im Lichte Gottes seinen Sinn, auch wenn ich ihn nicht gleich verstehe. Das ging mir damals auf. Jahre später habe ich während einer Exerzitienzeit bei Ignatius gelesen, dass wir das eine nicht mehr haben wollen müssen als das andere. Krankheit nicht mehr als Gesundheit, Wohlstand nicht mehr als Armut … , wir sollen offen bleiben für das, was geschieht und aus welchen Gründen auch immer geschehen soll.

Jesus wusste, was dieser Mensch jetzt dringend brauchte. Darum sprach er das Hefata, tue dich auf. Er sah, dass diesem Menschen das Wichtigste versagt war, das Lob des Schöpfers.

So machte er den Weg frei, damit dieser Taubstumme es tun konnte. Ich habe daran gelernt, dass es bei der Offenheit vor allem darum geht, dass ich zum Lob über Gottes Gegenwart und Nähe finde, die in allem ist, sei es Licht oder Finsternis.

Denn nichts kann uns trennen von der Liebe Gottes, weder Finsternis, noch Krankheit, noch Tod, noch ausweglose Situationen, noch schlechte Gedanken der Menschen, denn sie ist ausgegossen in unsere Herzen. Das schreibt der Apostel Paulus.

Gott tut immer das, was gut für uns ist, auch wenn wir das im Moment nicht begreifen. Wenn es uns eher wie das Gegenteil erscheint.

Foto: Christian Moritz

Ich habe das Sterben dieses mir nahe stehenden Menschen auch nicht sofort verstanden. Nur im Loslassen meiner Wünsche und Ansprüche wurde mir geschenkt, dass Gott den Weg eines Menschen gut macht und ihn vollendet.

So bleibt mir das erwartungsvoll staunende Schweigen über diese Erkenntnis, dass Gott am Ende alle Dinge gut macht. Dies mündet dann in das vertrauensvolle Lob seiner Weisheit. Das ist mir genug. Denn ich weiß: Nicht ich bin Gott, sondern Er, der weiß, was ein jeder von uns braucht und nötig hat. Dies darf ich ihm getrost überlassen.

Deine Augen sahen mich, da ich noch nicht bereitet war, und alle Tage waren in dein Buch geschrieben, die noch werden sollten und von denen keiner da war.

Psalm 139, 16

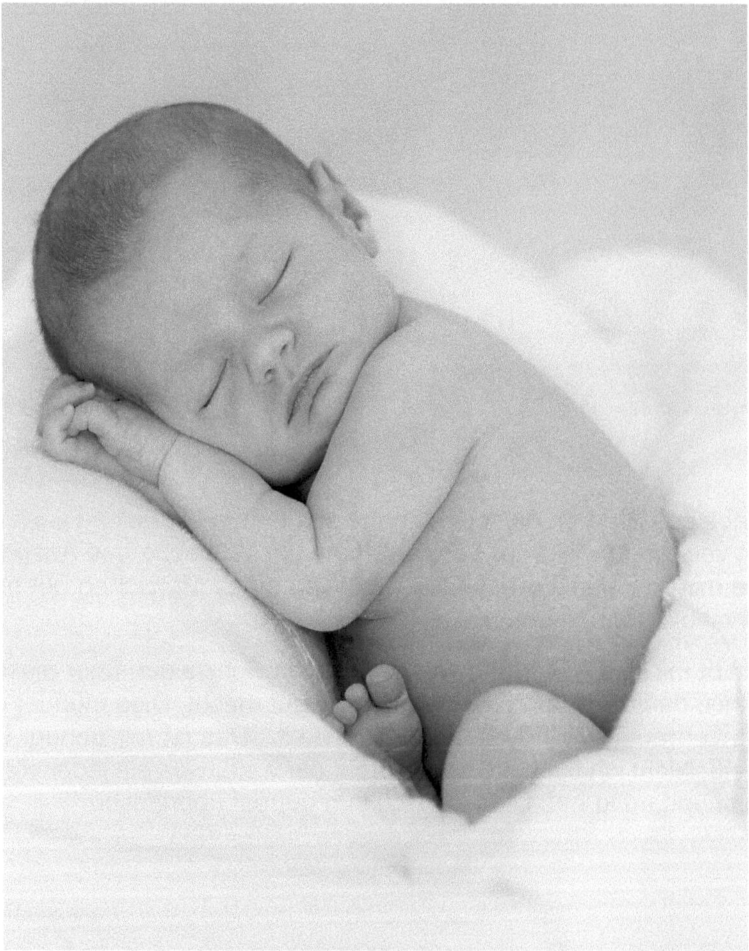

Foto: pixabay

Neulich hatte ich ein Fotobuch in der Hand. Meine Eltern hatten es angelegt und die ersten Jahre meines Lebens dokumentiert. Dem ersten Kind widmet man viel Aufmerksamkeit.

Ich fand darin ein Bild meiner Taufe. Ich weiß nicht, welche Hoffnungen meine Eltern mit dieser verbunden hatten. Eins jedoch weiß ich sicher: Sie wollten mein Leben ganz in die Hände Gottes legen. Und das sicher aus gutem Grund, hatte doch bei meiner Geburt der Arzt mir geringe Überlebenschance gegeben. Meine Eltern waren besorgt, ob ich es denn schaffen würde. Gott war ihre einzige Hoffnung. Beim Ansehen der Fotos musste ich mich daran erinnern. Ich bin in die Hände Gottes gelegt worden.

Im Konfirmandenunterricht las ich zum ersten Mal diesen Psalm. Die Worte berührten mich tief.

Was für eine erstaunliche Vorstellung: Gottes Augen sahen mich, bevor ich gezeugt wurde. Ich war in seinen Gedanken schon da. Er hatte alles schon gesehen. Und alle Tage, auch die zukünftigen in seinem Buch notiert.

Nichts hängt allein von mir ab. Meine Lebenszeit, sie hängt an Gott. Er schenkt sie und er hat sie schon aufgeschrieben. Ich muss nicht sorgen, was und wie alt werde ich, er hat schon vorgesorgt. Das kann sehr entlastend sein.

Wir greifen oft den Dingen viel zu schnell vor und meinen, dass das Leben allein von uns abhängt. Meine Cousine aus dem Westen sagte 1990, kurz nach der Wende und dem sich abzeichnenden Ende der DDR: Willkommen in der Leistungsgesellschaft.

Ich ahnte damals nur wage, was das bedeutet. Später habe ich es begriffen, als ich sah, wie hart für manchen der Kampf um den Platz in der Gesellschaft war und ist.

Konkurrenz belebt das Geschäft, sagt man. Sie macht aber aus manch Lebenden auch einen Atemlosen. Ich höre schon öfters:

Ich halte den Druck kaum aus. Ich fühle mich völlig überlastet. Ich möchte nach meiner Arbeit nur noch Ruhe haben.

Heute bedeutet Leben oft: Ich muss funktionieren. Es darf nichts dazwischen kommen, keine persönlichen Probleme, keine Krankheit oder anderes. Das kann mich schon aus der Bahn werfen. Dann bin ich draußen. Und der erneute Einstieg kostet manchen enorm viel Kraft. Dank dem, der sie hat.

Ja, wir nehmen das Leben gern in die Hand, schaffen mit Mühe und Fleiß viele schöne Dinge. Nicht jedoch schaffen wir das wirklich Bleibende, wissen oft gar nicht, was es ist. Vielleicht interessiert es uns auch gar nicht.

Neulich erzählte mir ein Pfarrer, dass wir bei uns eine Art Gottvergessenheit erleben. Ob Gott existiert oder nicht, sagte er, ist nicht mehr die Frage, auf die wir eine Antwort geben müssten. Viele, meinte er, haben gar keine Ahnung mehr, was Gott denn eigentlich ist. Das ist wie mit manchen Worten in unserer Sprache, die vor über hundert Jahren noch üblich waren und die heute keiner mehr kennt.

Gott jedoch kennt uns, er kennt unsere Vergesslichkeit und unseren Lebenskampf. Wir waren in seinen Gedanken schon, bevor wir das Licht der Welt erblickten. Unser Leben, unsere Existenz, er hat sie schon aufgeschrieben, bevor wir überhaupt schreiben konnten.

Wir jedoch greifen zu schnell vor, greifen Gott zu schnell vor. Wir laufen los, ohne zu fragen, rennen, weil wir meinen, es zu müssen, verrennen uns in der Vielfalt unserer Ideen und Pläne. Sicher kommen wir dann doch irgendwo an, doch bleibt offen, ob das wirklich das Ziel für uns ist. Möglicherweise hat Gott ganz andere Pläne für uns, nur geben wir uns nicht die Mühe, sie kennenzulernen.

In den Wochen vor Ostern erreichte mich eine Mail. Eine Frau meldete sich zu Online-Exerzitien an. Ich hatte gar keine ausgeschrieben. Ich weiß nicht, wie sie auf mich kam, wohnte sie doch hunderte von Kilometern entfernt. Gottes Wege sind manchmal seltsam und unerforschlich.

Ich habe ihr den Wunsch nicht abgeschlagen und sie begleitet. Einmal in der Woche schrieb ich eine Impuls-Mail. Sie hatte die Möglichkeit, mir ihre Eindrücke und Erfahrungen zu schreiben. Sie war voller Sehnsucht, Gott neu zu finden und das, was er mit ihr noch vorhat.

Leider war sie sie familiär und beruflich so beansprucht, dass ihre Pläne ein wenig auf der Strecke blieben. Doch die Sehnsucht blieb.

Der Psalm lässt die Sehnsucht des Menschen aufleuchten. Ich möchte kein Rädchen im großen Getriebe sein, das ausgewechselt wird, wenn es kaputt geht. Ich bin unendlich viel mehr.

Foto: pixabay

Ich bin den Gedanken Gottes entsprungen und sein liebender Blick ruht auf mir. Er hat einen Weg mit mir vor, gesehen hat er ihn schon und vielleicht auch all die Nebenwege, die ich gehe und ging. In seiner Hand ist mein Leben aufgehoben und das, was ich für ihn bin und immer sein werde: Sein geliebtes Kind.

Gott, der du an mich dachtest
als ich noch nicht denken konnte,
öffne mir die Augen für das
wirklich Schöne und Wichtige
auf meinem Weg.

Lass mich achtsam
mit dem umgehen,
was du mir geschenkt hast,
meine Zeit, die Menschen
um mich herum,
die kleinen Wunder
in der Natur.

Lass mich innehalten
im Strom des Lebens,
dass ich der Sehnsucht
Raum geben kann,
die sich ausstreckt nach dir
und dem, was immer bleibt:

Deine Liebe, die mir
das Wort der Hoffnung sagt:
Geh getrost, geliebtes Kind,
mein heilender Blick ruht auf dir
und deinem Herz.

Jesus Christus spricht: Ich bin der Weg und die Wahrheit und das Leben. Johannes14, 6

Foto: Christian Moritz

Dieser Vers steht über der Kanzel, die sich in einer meiner Dorfkirchen befindet. Wer diesen Raum besucht, dessen Augen werden unweigerlich auf ihn gerichtet. Sie können sich diesem Wort gar nicht entziehen.

Das hatten sich die Erbauer dieser Kirche so gedacht. Sie wollten, dass diese für sie so wesentliche Wahrheit, den Menschen während des Gottesdienstes immer vor Augen steht.

Leider oft nur den Frauen, denn so hatte man mir erzählt, blieben die Männer draußen, warteten und tranken dabei ihr Bier. Das ist zwar eine andere Wahrheit, sicher nicht ganz die, von der der Vers in der Kirche erzählt, aber immerhin. Sie führt auch Menschen zusammen und lässt sie einen Weg miteinander teilen.

Alte Gemeindeglieder haben mir erzählt, dass der damalige Pfarrer so eine gewaltige Stimme gehabt hat, dass die Predigt im ganzen Dorf zu hören war. So haben die Männer auch ihren Gottesdienst gehabt, wenn auch auf besondere Art und Weise. Vielleicht ist das ein Modell für die Zukunft, Frühschoppen-Gottesdienste. Da hören die Menschen noch einmal ganz anders zu.

Heute gibt es in dieser Kirche nur noch wenige Gottesdienste. Dafür mehr Konzerte und andere Veranstaltungen. Die Menschen, die kommen, haben nicht immer Gott im Sinn, eher die Freude auf schöne Musik oder auf den Kaffee, den es anschließend immer gibt. Jedoch auch sie können sich dem Kanzelvers nicht entziehen. Sie müssen ja nach vorne schauen, denn da spielt die Musik.

Ich weiß nicht, was sie beim Lesen dieses Wortes bewegt, ob sie darüber nachdenken oder es nur einfach schön oder weniger schön finden. Nur vorbeistehlen können sie sich trotz allem nicht. Das Wort steht da und predigt stumm.

Manchmal denke ich, was wird wohl aus unseren Kirchen, wenn wir in den Gemeinden immer weniger werden. Ich will nicht verschweigen, dass sich damit auch eine gewisse Traurigkeit breit macht. Diese rechnet so wenig mit Gott.

Diese lässt sich blenden, von dem, was augenblicklich da ist und sich eventuell nie ändern wird.

Doch dann sitze ich wieder in dieser Kirche und schaue nach vorn. Ein warmer Sonnenstrahl fällt plötzlich auf den Vers und bringt ihn zum Leuchten.

Mitten in diesem Geschehen spüre ich, Gott macht Dinge anders. Er spricht auch in diesen Zeiten zu den Menschen, und sei es nur, dass sie diesen Vers lesen, während sie den Klängen der Instrumente lauschen. Etwas geht dann doch ins Herz und bewegt. Und führt sie dann möglicherweise auf Wege, wo sie dem begegnen, der der Weg und die Wahrheit und das Leben ist.

Gott, denke ich, ich bin oft so zaghaft, male dunkle Zukunftsbilder. Traue dir so wenig zu, habe so wenig Geduld, auf deinen Weg mit den Menschen zu warten. Ich möchte oft sofort Erfolge sehen und kann es nicht aushalten, dass Erfolg bei dir ganz anders ist als das, was ich für Erfolg halte. Und oft weiß ich gar nicht, wie der Weg zu gestalten ist.

In den Jahren meiner Gemeindearbeit habe ich das immer wieder hier und dort gespürt. Ich habe diesen oder jenen Weg probiert, bei manchem glaubte ich sogar: Jetzt hast du es.

Und musste mir sagen lassen: Denkste. Musste erkennen, dass wir uns manchmal selbst im Wege stehen, nicht nur mit unseren Zweifeln und unserer Ängstlichkeit, sondern auch mit unserer Selbstüberschätzung.

Dass Wege gelingen, dafür gibt kein Rezept außer diesem:

Vertrau dem Herrn deinen Weg an. Vertrau darauf, dass er das tun wird, was zum Ziel führt. Denn er ist Weg, Wahrheit und Leben.

In meinen Ohren klingen dabei die Worte eines alten Kirchenliedes von Paul Gerhardt, das mir auch in Zeiten, wo Wege verschwammen, Trost und Hoffnung gegeben hat.

Befiehl du deine Wege
und was dein Herze kränkt,
der allertreusten Pflege des,
der den Himmel lenkt.

Der Wolken, Luft und Winden
gibt Wege, Lauf und Bahn,
der wird auch Wege finden,
da dein Fuß gehen kann.

Evangelisches Gesangbuch Nr. 361

Lass mich am Morgen hören deine Gnade, denn ich hoffe auf dich.

Psalm 143, 8

Foto: Annett Nast

Eine junge Frau sagte mir, als ich ihr von meinen Gebetszeiten erzählte:

Die 20 Minuten habe ich nicht. Mein Tag ist voll. Das kann ich mir nicht erlauben. Ich habe soviel zu erledigen. Mir bleibt im Augenblick keine Zeit zum Beten. Den Luxus kann ich mir nicht leisten.

Solche oder ähnliche Entschuldigungen höre ich öfter. Die Menschen wollen mir sagen, warum sie es mit Beten nicht schaffen. Ich höre dann auch das: Es ist nicht böse gemeint, aber Sie haben eben mehr Zeit, Herr Pfarrer. Sie können sich diesen Luxus gönnen.

Das mag sein, dennoch glaube ich, dass wir uns oft vom Alltag diktieren lassen, was wir unbedingt machen müssen. Die Zeit, sich auf meinen Ursprung und meine Mitte zu besinnen, kommt da schlicht nicht vor. Das Leben treibt uns, manchmal auch ganz unbarmherzig.

Ich kenne Menschen, die das gerne anders hätten, sie kommen jedoch nicht gegen an. Der Strom des Alltags reißt sie förmlich mit.

Mir ging das jahrelang in meinem Dienst als Pfarrer genauso. Ich stand morgens auf, las schnell das Herrnhuter Losungswort, frühstückte und sah schon die ganze Arbeit vor mir liegen.

Und dann war sie weg, die Zeit zum Beten. Abends war ich dann oft zu müde und so wurde es auch da nichts. Insgeheim habe ich mich immer geärgert, da ich wusste, dass das an meinem schlechten Zeitmanagment lag.

Ich aber kriegte das nicht organisiert. Es machte mich wütend, weil ich ja eigentlich die große Sehnsucht hatte, mit Gott zu reden und darauf zu hören, was er mir zu sagen hatte.

So ging das etliche Zeit, bis ich zu Exerzitien fuhr und Ignatius von Loyala kennenlernte. Bei ihm las ich, dass man sich anschauen soll, was einem wichtig ist. Dann darf man es Gott hinhalten und darum bitten. Wenn ich also eine tiefe Sehnsucht nach mehr Nähe zu Gott verspüre, dann darf ich zu Ihm gehen, es ihm zu Füßen legen und dafür bitten.

Das habe ich dann getan und die andere Dinge dieser Sehnsucht untergeordnet.

Und plötzlich fand ich Zeit. Ich machte schließlich die Erfahrung, dass die Zeit, die ich mir zum Beten nahm, nicht fehlte, sondern mir sogar mehr Zeit verschaffte, auch wenn an manchen Tagen viel zu tun war. Das war ein kleines Wunder, ein Zeitwunder Gottes.

Heute kann ich sagen, das Gespräch mit Gott ordnet alle anderen Dingen. Ich sehe durch ihn, was wichtig ist und was eher warten kann oder gar nicht mehr bearbeitet werden muss. Es gibt eben auch Dinge, die ich lassen darf, ich muss nicht alles erledigen.

Ich habe mir angewöhnt – auch das ist eine Übung – den Tag mit einem Morgenlob zu beginnen. Ich nehme dann meinen Kalender mit all den Terminen des Tages und lege ihn Gott hin. Er hat das Recht zu streichen. Es kann also sein, dass der eine oder andere Termin nicht stattfindet, weil er sagt: Lass es. Dann brauche ich nur noch den Mut einzustimmen.

Auch habe ich mir angewöhnt, morgens um seine Gnade für diesen Tag, zu bitten. Ich weiß, dass der Tag dann anders laufen wird. Ich habe dabei die Erfahrung gemacht, dass ich aufmerksamer durch den Tag gehe, weil ich sein Gnadenhandeln wahrnehmen und ihn dafür loben möchte.

Ich glaube, dass wir das wieder neu lernen müssen, Zeit mit Gott zu verbringen, ohne Angst zu haben, dass wir wichtiges im Leben verpassen.

Denn dort, wo wir uns auf ihn ausrichten, spüren wir neu das Licht seiner Güte. Und wo wir uns auf sie einlassen, geschieht Wunderbares in unserem Leben. Dann erfahren wir in jedem Augenblick, dass seine Liebe das Ja zu uns spricht und er sich freut, wenn wir bei ihm ankommen und sich unser Mund öffnet, um dem Lob des Schöpfers neuen Raum zu geben.

Petrus antwortete: Herr, wohin sollen wir gehen, du hast Worte des ewigen Lebens.

Johannes 6, 68

Foto: Christian Moritz

In der Zeitung stand einmal, dass ein Mann mit seinem Auto ins Wasser gefallen war, weil er seinem Navi mehr vertraute als der Karte. Das hat mich etwas irritiert. Ich gebe zu, dass auch ich ein Navi benutze und manchmal seltsame Wege geführt werde. Das passiert vor allem in Gegenden, die ich nicht so genau oder gar nicht kenne. In der Regel nehme ich jedoch vorher die Karte zur Hand und sehe mir an, wie ich denn zum Ziel gelangen werde. Das ist mir sicherer, als sich allein auf das Navi zu verlassen.

Die Frage, ob ich die richtige Richtung einschlage, ist entscheidend dafür, ob ich dort ankomme, wo ich hin will. Das ist eigentlich eine Binsenweisheit. Wer möchte sich schon verlaufen oder verfahren. Das kostet alles Zeit und Nerven.

Als junger Mensch bin ich mit meinem Freund auf große Fahrt gegangen. Wir hatten ein Ziel, nur leider keinen Plan. Wir sind einfach losgetrampt und standen dann mitten in einem fremden Land orientierungslos da.

Irgendjemand hat uns dann mitgenommen und wieder auf den richtigen Weg gebracht. Das war ein echtes Glück. Später hat mir jemand erzählt, dass die Gegend, wo wir eigentlich hin wollten, für uns nicht ganz ungefährlich gewesen wäre. In diesem Augenblick dachte ich: Da ist doch ein Engel am Werk gewesen, den der Herr mir sandte, um meinen Weg vor Schlimmeren zu bewahren. Er hat die Richtung zum Guten korrigiert. Wie gut, dass Einer da ist, der den richtigen Weg für mich weiß.

Der Antwort des Petrus geht eine Frage voraus.

Wollt auch ihr gehen, fragt Jesus seine engsten Freunde. Viele, die mit ihm auf dem Weg waren, hatten sich plötzlich abgewandt, weil sie die Botschaft nicht mehr ertragen konnten.

Das war damals so, und es ist heute so. Ich habe viele Menschen begleiten dürfen. Manche waren sehr begeistert von Jesus und seinem Leben. Sie engagierten sich in der Gemeinde, kamen in meine Gottesdienste. Auch ich war absolut begeistert von diesen Menschen.

Doch dann waren sie plötzlich weg. Das hat mich traurig gestimmt, denn ich spürte: Sie hatten das wichtige Ziel des Lebens gegen andere eingetauscht. Und Jesus hatte sie nicht daran gehindert.

Dies war viele Jahre für mich unverständlich, weil ich der festen Überzeugung war, der Herr muss doch eingreifen. Er kann einen Menschen doch nicht so einfach gehen lassen. Dann las ich diesen Vers im Johannesevangelium, den ich eigentlich gut kannte. Was mir auffiel: Jesus hielt die Menschen nicht fest. Er hinderte sie nicht daran zu gehen. Er war sicher nicht begeistert darüber, aber er hielt das aus. Er schränkte die Freiheit der Menschen nicht ein, sich für ihn oder für anderes zu entscheiden. Diese Souveränität Jesu hat mich sehr beeindruckt und begeistert. Er hält uns Menschen aus, egal wie wir sind.

In meiner Zeit als Pfarrer gab es einen Punkt, wo ich glaubte, nicht mehr gut genug für den Dienst zu sein. Ich hatte Fehler gemacht, etliches lief in der Gemeinde und auch in der Familie nicht rund. Irgendwie hatte ich sogar das Gefühl, dass mir niemand den Rücken stärkte, ja die Dinge sich eher gegen mich zu wenden schienen. So saß ich eines Abends in meinem Amtszimmer und dachte über alles nach.

Herr, dachte ich, ich bin nicht mehr gut genug für dich. Es wäre besser, wenn du dich nicht mehr um mich mühst. Tränen rannen an meinen Wangen herab, mein Weg schien gescheitert. Da setzte sich jemand unerwartet mir gegenüber in den Sessel und sagte: Christian, willst du wirklich, dass auch ich gehe?

Ich erinnere mich, dass ich ganz laut schrie: Nein, Herr, geh nicht weg. Du hast Worte ewigen Lebens.

Dann kehrte Frieden ein, ich wusste, Er hatte mich besucht, um mir neu die Richtung und das Ziel zu zeigen, das ich bei allen meinen Selbstvorwürfen vollkommen aus den Augen verloren hatte.

Jesus fragt seine Jünger, fragt uns: Wollt auch ihr gehen? Ihr könnt es, die Freiheit gebe ich euch. Ich zwinge niemand.

Du darfst deinen Weg wählen, auch wenn dieser Weg dich vielleicht in die Unzufriedenheit führt.

Jesus fragt und überlässt uns unseren Antworten. Manche Menschen sind sehr überzeugt, dass sie die Antwort auf das Leben haben und sie Gott dafür überhaupt nicht brauchen. Jesus redet uns da nicht rein. Er lässt uns mit unserer Antwort leben, auch wenn sie uns eines Tages vielleicht zerstört. Wir sind freie Menschen, keine Marionetten Gottes.

Manchmal gehen uns Menschen jedoch die Augen auf. Das ist eine große Gnade. Petrus hat diese geschenkt bekommen und antwortet: Herr, wohin sollen wir denn gehen? Du hast Worte des ewigen Lebens.

Ein Mensch spürt: Die Antwort nach dem Weg, der zum wirklichen

Lebensziel führt, kann ich mir nicht selbst geben. Meine Worte sind endlich. Sie vergehen. Meine Gedanken sind endlich. Sie hören spätestens dann auf, wenn ich nicht mehr bin.

Petrus jedoch spürte in seinem Herzen, dass wir mehr als vergängliche Worte brauchen.

Wir sehnen uns nach Ewigkeit, nach dem, was nicht weggespült wird, sondern über alle Zeiten hinaus bleibt und die Richtung weist. Kein Mensch würde sich an einen Ast hängen, von dem er weiß, dass dieser jede Minute abbrechen kann. Es ist nur komisch, dass wir im Leben uns oft an Dinge hängen, die so zerbrechlich sind und von denen wir eigentlich wissen, dass sie ihre Zeit haben.

Es ist wirklich ein großes Geschenk, wenn es anders kommt und ich die Worte ewigen Lebens entdecke und annehmen kann. Über diese Erkenntnis bin ich sehr dankbar geworden.

Neulich sprach ich mit jemand auf dem Golfplatz darüber, der meinte, dass Dankbarkeit wirklich etwas Wesentliches im Leben sei, eben ein Geschenk. Diese Antwort hat mich hoffnungsvoll gestimmt. Dieser Mensch sagte dann zu mir: Und diese Dankbarkeit, die habe ich.

Mir schien bei diesen Worten, dass der Herr da schon etwas geschenkt hat, auch wenn dieser Mensch noch auf der Suche ist und sich ihm die Worte ewigen Lebens noch nicht gänzlich erschlossen haben.

Wohin sollen und werden wir gehen?

Mir sagte mal jemand, als wir über das Leben und sein Ende sprachen: Ich will jetzt Spaß haben. Am Ende klappt der Deckel zu. Das war es dann. Mehr kommt nicht.

Irgendwie hat mich das erschreckt. Was für eine traurige Lebensperspektive, dass denke ich bis heute. Wie gut, dass ich durch Jesus weiß, dass nach dem Deckel noch etwas kommt.

Dass ich nicht verloren bin, sondern in der Ewigkeit bei Ihm, dem Schöpfer, aufgehoben.

Ein Kinderarzt hat mir mal erzählt, dass er ein Nahtodeserlebnis hatte. Er durfte kurzzeitig den Himmel sehen, seitdem glaubt er an die Ewigkeit. Das hat mich sehr beeindruckt. Jesus war ihm nahe gekommen und hatte ihm Worte und Bilder ewigen Lebens geschenkt.

Menschen wollen nicht einfach so vergehen. Abgesehen von manch plumpen Antworten, die vielleicht Unsicherheit überspielen wollen, schlummert im Menschen die Sehnsucht nach Ewigkeit.

Ich habe das beobachtet. Wir haben in unserem Kirchturm eine Treppe gebaut, die vollständig durch Spenden finanziert worden ist. Unten im Erdgeschoss hängt eine Tafel mit allen Namen der Geldgeber. Manche leben schon nicht mehr, aber ihr Name bleibt und wird noch lange Zeit zu lesen sein. Das ist ein kleines Stück Ewigkeit.

Die große und eigentliche Ewigkeit kann ich mir jedoch nicht kaufen. Sie wird mir geschenkt, wenn ich wie Petrus dem Christus Antwort gebe:

Herr, wohin sollen wir gehen?

Du, Jesus, hast Worte ewigen Lebens.

Möglichkeiten
zur Gestaltung eines eigenen Gebetsweges

Wähle deinen Ort und gestalte ihn

Wie im Vorwort schon erwähnt, kann man mit diesem Buch einen eigenen Gebetsweg gestalten. Darum möchte ich als kleine Hilfe noch einige Hinweise aufschreiben.

Wähle einen Ort, wo du in der nächsten Zeit beten willst.

Das hilft, sich schneller einzufinden und sich auf das Eigentliche zu konzentrieren. Der Ort soll schön sein und mich inspirieren.

Für den einen ist es ein bestimmter Platz im Wohnzimmer, für einen anderen ein Ort in der Natur. Wichtig erscheint mir, dass es ein ungestörter Ort sein sollte. Nichts und niemand sollte in meine Zeit mit Gott reinplatzen und sie unterbrechen. Darum ist es auch hilfreich, das Telefon aus- oder stummzuschalten. Nichts soll mich ablenken in dieser Zeit.

Gestalte den Ort.

Mein Platz zum Beten soll etwas für mich ausstrahlen. Ich kann mir ein Bild hinstellen, ein Kreuz oder auch eine Ikone. Auch Blumen und eine Kerze geben diesem Ort ein besonderes Gesicht.
Was also die Gestaltung betrifft, darf ich sehr kreativ sein und diesen Raum so zurecht machen, dass er mich anspricht und mir gefällt. Ich soll mich ja gern einfinden und mich freuen, bald wieder an diesem Ort zu sein.
Achte jedoch darauf, dass der Ort nicht überladen wird mit zu vielen Elementen. Das kann mich ablenken und vom Wesentlichen wegführen.

Gestaltung einer Gebetszeit

Finde dich zunächst ein. Überlege dir, wie du sitzen möchtest. Es sollte dir eine gute Gebetshaltung ermöglichen. Manche sitze dabei gern aufrecht auf einem Stuhl, andere wählen ein Kniebänkchen. Hier gibt es keine Festlegungen, jeder muss schauen, womit er gut umgehen kann und was hilfreich für ihn ist. Ich warne nur vor dem Sessel oder dem Sofa, weil die Bequemlichkeit uns schnell vereinnahmen und wegführen kann.

Wenn du dich eingefunden hast und vielleicht eine Kerze angezündet hast, dann bleibe einen kurzen Augenblick still. Erst dann sprich ein Vorbereitungsgebet. Bei diesem geht es darum zu bitten, was ich erhoffe und ersehne. Gott will konkret angesprochen werden. Ich darf und soll meine Wünsche und Sehnsüchte formulieren. Sie zur Sprache bringen, hilft, sich mehr und mehr auf das Ziel auszurichten. Offen bleibt, was Gott dann sagen wird. Ich schreibe das nicht vor, sondern ich warte und erwarte, dass er eine Antwort geben wird, die ich annehmen darf und kann. Dabei kann es auch sein, dass meine Sehnsucht von Gott geformt und verändert wird. Bespiele für Vorbereitungsgebete findest du auf der nächsten Seite. Sie können eine Hilfe sein, falls mir nicht sofort ein Gebet in den Sinn kommt. Aber ich darf und kann auch eigene Worte finden und sie Gott sagen.
Nach dieser Vorbereitung lese ich den Bibelvers und halte inne. Ich lasse ihn auf mich wirken und kann anschließend die Betrachtung dazu lesen. Dieser kann sich eine Zeit der Stille folgen. Ich empfehle für den Anfang 20 Minuten, später kann diese Zeit ausgedehnt werden. Am Ende der Stille kannst du mit Gott darüber reden, was dich bewegt. Du kannst auch für Menschen beten, die dir am Herzen liegen. Als Abschlussgebet empfehle ich jedoch das Vater unser. Danach kannst du dich segnen mit einem Kreuzeszeichen. Stehe nicht gleich auf, sondern verweile noch einen Augenblick und schau auf die Gebetszeit zurück. Und wenn du möchtest, schreibe dir wichtige Impulse in einem Gebetstagebuch auf. Dann kannst du immer wieder das Erlebte nachlesen.

Vorbereitungsgebete

Jesus, ich komme zu dir, so wie ich bin mit allem, was mich jetzt bewegt und was mir durch den Kopf geht. Ordne du alles, richte mich aus auf dich und lass mich hören, was du mir sagen willst.
Öffne mein Herz, dass es das fassen kann.
Amen.

Gott, du kennst mich. Vieles bewegt mich, vieles treibt mich um. Lass mich jetzt ganz bei dir sein. Schenke mir Aufmerksamkeit, dass ich sehe, was du mir zeigen möchtest. Schenke mir den Mut, es anzunehmen und dich dafür zu loben.
Amen.

Herr, mitten auf meinem Weg willst du mir begegnen mit Worten des ewigen Lebens. Öffne mich, damit ich sie höre. Lass eindringen in mein sehnsüchtiges Herz, deinen Frieden, dein Güte und den Glanz deiner Herrlichkeit, der meinen Weg hell macht und mich mutig macht zu tun, was ich noch nicht getan habe.
Amen.

Der Tagesrückblick - das Gebet der liebenden Aufmerksamkeit

Am Ende eines Tages darf ich mir Zeit nehmen, auf ihn zurückzuschauen. Alles, was dieser Tag mit sich brachte, darf ich im Gebet vor Gott bringen. Die folgenden Schritte dienen als kleine Anregung dafür.

Sich einfinden und still vor Gott werden. Dabei darf ich auch den eigenen Leib wahrnehmen. Wie bin ich jetzt da vor Gott?

Zurückschauen

Ich blicke auf den Tag zurück
Ich lasse die Stunden an mir vorbeiziehen, die Orte, an denen ich gewesen bin oder auch die Menschen, denen ich begegnet bin.
Was bewegt oder berührt mich jetzt?
Worüber habe ich mich gefreut?
Was wurde mir heute geschenkt?
Worüber bin ich traurig? Woran leide ich? Was ärgert mich?

Beten

Alles, was jetzt in mir da ist, darf ich ins Gebet vor Gott bringen - als Lob, als Klage, als Dank oder Bitte. Und dann den Tag vertrauensvoll in Gottes Hände zurücklegen. Ich kann als Abschluss ein Vater unser beten und mich segnen mit dem Zeichen des Kreuzes.

Aufmerksam für Gottes Gegenwart im Alltag

Zu Beginn eines Tages bitte ich Gott, dass er heute aufmerksam für seine Gegenwart macht. Dann gehe ich mit großer Gelassenheit und voller Erwartung in den Tag hinein.

Ich bin mir bewusst, dass er mir in den Menschen begegnen kann, die heute meinen Weg kreuzen. Ich achte auf mein Tun und auf die Dinge, die ich heute in die Hand nehme. Und bin mir bewusst, dass alles ein Geschenk ist und aus seiner guten Hand kommt.

Wenn ich möchte, kann ich mehrmals am Tag innehalten und zurückblicken.
Was war in den vergangenen Stunden?
Habe ich Gottes Gegenwart gespürt?
Ist mir ein Mensch begegnet, der für mich wie ein Geschenk war?

Ich darf wahrnehmen , was mich umgibt. Die Natur, meinen Wohnraum, meinen Arbeitsplatz.
Gibt es etwas, woran ich mich freue?
Fällt mir etwas besonders ins Auge, wofür ich dankbar bin?

Vielleicht schreibe ich es mir sogar auf, wo ich seine Gegenwart spürte, seine Güte im Alltag aufleuchtete, um am Abend dafür zu danken, zu loben und sich das Herz mit Freude füllen zu lassen.

Und zuletzt - eine kleine Weggeschichte für Entmutigte

Draußen in der großen Stadt hat der Herbst Einzug gehalten. Buntschillernde Blätter lösen sich von den Bäumen und nähern sich im sanften Flug dem Boden. Blatt für Blatt deckt die Straße zu und ich schaue staunend auf das mir so unendlich scheinende Treiben.

Wir sitzen im Warmen beim Italiener und unterhalten uns. Ich weiß nicht, wie viele Jahre es her ist, als wir uns das letzte Mal gesehen hatten. Doch als wir uns gegenüber sitzen, scheint es, als wäre es erst gestern gewesen, so vertraut ist mir der andere.
Wir sprechen über mancherlei, die Familie, den Job, die Erinnerung an die Studententage.
Und hast du dein Ziel erreicht, frage ich neugierig und sehe plötzlich in traurige Augen. Das Leben ist nicht einfach, sagt mir mein Gegenüber. Gewiss, meine ich, du hast schon recht.

Manchmal, spricht mein Gegenüber weiter, scheint es mir, als hätte es mich vergessen. Denn immer, wenn ich etwas erreichen wollte, passierte das Gegenteil. Das zermürbt dich auf Dauer.
Das glaube ich dir, erwidere ich und weiß eigentlich gar nicht so recht, was ich jetzt noch sagen soll. Ein Trostwort, denke ich, ein Trostwort muss her. Mir fällt leider keins ein.

Einen kleinen Augenblick wird es still, eine Träne rinnt meinem Gegenüber die Wange herunter. Es scheint, sagt er leise, als wäre das Licht erloschen und nur der winzige Docht glimmt noch vor sich hin. Alles ist dann nur noch eine Frage der Zeit, wann auch dieser sein Leuchten aufgibt.
Mir schießt ein Wort aus einem alten Prophetenbuch durch den Kopf: Das geknickte Rohr wird er nicht zerbrechen und

den glimmenden Docht wird er nicht auslöschen.

Ich zögere, überlege, ob ich das sagen soll oder nicht. Doch dann öffnet sich mein Mund und das Wort macht sich Bahn. Mein Gegenüber zuckt einen kurzen Augenblick und fragt: Wer sagt das denn? Seine Haltung wirkt etwas angespannt, doch seine Augen sind voller Neugierde auf mich gerichtet. Gott, sage ich, Gott sagt das zu dir. Er hat dich nicht vergessen.

Nun ist es still im Raum. Ich warte gespannt auf die Reaktion meines Gesprächspartners. Er lächelt und antwortet ein wenig zögernd: Meinst du wirklich, ich bin nicht vergessen. Ja, sage ich und dann steht er auf und drückt mich ganz fest. Hoffnung, es gibt Hoffnung, flüstert er mir ins Ohr. Mir scheint es in diesem Moment, als hätte nicht ich, sondern der Herr selbst diesem Menschen das Trostwort gesagt.

Mein Gegenüber verabschiedet sich und während er den Raum verlässt, sehe einen Menschen gehen, der voller Hoffnung ist, dass sein Docht nun wieder neu leuchten wird.

Nicht weil das Leben uns so gut gesonnen ist, sondern weil der Schöpfergott uns nie vergisst und mit seinem Licht das unsere immer wieder neu anzündet.

Quellenverzeichnis

Evangelisches Gesangbuch
Ausgabe für die Evangelische Kirche Berlin-Brandenburg

Evangelische Haupt-Bibelgesellschaft Berlin
Evangelische Verlagsanstalt GmbH Leipzig
Wichern-Verlag Berlin
1993

Die Bibel
nach Martin Luthers Übersetzung
Lutherbibel revidiert 2017
Herausgegeben von der Evangelischen Kirche Deutschlands
Deutsche Bibelgesellschaft Stuttgart 2017

Fotos:

Annett Nast
Christian Moritz
pixabay.de

MIX
Papier aus verantwortungsvollen Quellen
Paper from responsible sources
FSC® C105338

Printed by Books on Demand GmbH, Norderstedt / Germany